Les Rugbymen en 3D

Scénario
Béka

Dessins
Poupard

Couleurs
Sylvain Frecon - Murielle Rousseau
Magali Poli Rivière - Maëla Cosson

BAMBOO ÉDITION

LE NOYAU DUR DU PAC

Jeannot LEPILAR dit

LA COUÂNE

Pilier

Aussi affamé de victoires que de repas d'après-match !

Jérôme LENCLUME dit

LOUPIOTE

(car ce n'est pas une lumière)

Talonneur

C'est pour son courage et son sens de l'amitié qu'il es**t-à-l'honneur.**

Frédéric CASTAGNE dit

L'ANESTHÉSISTE

2e ligne

Ceux qu'il a « opérés » ne mangent plus que de la soupe.

Jonas FRILUNG dit

LE SÉCATEUR

3e ligne

Implacable quand il s'agit de plaquer !

Hervé GUEULAR dit

LA TEIGNE

Demi de mêlée et capitaine

Même sur le brancard, il continue à hurler ses consignes !

Hugues CAP dit

L'INGÉNIEUR

3/4 centre

Il a la tête bien pleine, espérons qu'il l'ait aussi bien dure.

Thomas LAGUIBOLE dit

BOURRICHON

Arrière

Trouve toujours des jolies filles ravies de soigner ses plaies et ses bosses à la fin du match.

Bernard DUTEROIR dit

L'ENTRAÎNEUR

Comme il l'affirme en roulant les « r » : « 30 tourrrs de terrrrain et 150 pompes, ça soude un grrroupe ! »

EH ! L'ANESTHÉSISTE !
?
IL FAUDRAIT QUE TU DÉTOURNES L'ATTENTION DE L'ARBITRE, J'AI UN COMPTE À RÉGLER AVEC UN MEC !
PAS DE PROBLÈME, LA COUÂNE !
VOYONS, COMMENT FAIRE...
J'AI TROUVÉ !
KAROUF
SBLUR !
QU'EST-CE QUI S'EST PASSÉ ?
BEN, JE SAIS PAS ! IL EST TOMBÉ D'UN COUP, COMME ÇA...
CIVIÈRE !
ALORS, TU AS PU RÉGLER TON COMPTE ?
NON !
RUGBY
C'EST AVEC LUI QUE JE VOULAIS M'EXPLIQUER !
!

PAC
PLUS QUE 10 SECONDES DE JEU !
... ET C'EST FINI !
TRiii !
TRii TRii
SSCRiiiiiiiH !
?
ATTRAPEZ-LE !
LA COUÂNE, À TOI !
FLAF !
JE PRENDS LE GROS !
BLOF !
OUTCH !
TiENS BON, ON ARRiVE !
NOUS AUSSi !
MAiS ARRÊTEZ, iMBÉCiLES ! LE MATCH EST FiNi !!
ALLEZ LES PETiTS, RRRÉCUPÉRREZ LE BALLON ! ÇA RRRÉDUiRA LE BUDGET MATOS DU CLUB ET ON POURRA ACHETER PLUS DE BOUFFE !
ET NOUS PLUS DE GNÔLE !
!?
TCHOC !
VLAM !
BANG !

DIS LA COUÂNE ! J'AI PERDU UNE DENT PENDANT LA MÊLÉE, QU'EST-CE QUE J'EN FAIS ?
DONNE-LA MOI ! J'EN AI DÉJÀ 2 À LA TEIGNE ET 3 À L'ANESTHÉSISTE DANS LA POCHE ARRIÈRE DE MON SHORT !
JE TE LA RENDRAI À LA FIN DU MATCH !
SNIF ! SNIF !
QUELQUES INSTANTS PLUS TARD...
VAS-Y LA COUÂNE ! TENTE UNE PERCÉE !
BROUF !
TIENS BON ! JE VAIS TE DÉGAGER !
OUAÏÏÏÏIE !
?
PEU APRÈS...
ET LA GROSSE LÀ, AVEC UNE CARIE, ELLE EST À QUI ?
BOH ! JE LA PRENDS ALLEZ !
J'ESPÈRE QU'IL GARDERA PAS UNE DENT CONTRE NOUS HU ! HU !

ÉCOUTEZ BIEN LA TACTIQUE, LES GARS : SI JE NE DIS RIEN, C'EST QUE TOUT VA BIEN ! PAR CONTRE, SI JE GUEULE "SOUTIEN !" C'EST QUE JE SUIS EN DIFFICULTÉ. VOUS DEVEZ DONC TOUS VENIR M'AIDER !
VOUS AVEZ PIGÉ LES GARS !?
TRIIIII
OUAIIIIIS !
PEU APRÈS...
LA TEIGNE ! À TOI !
BOP !
OUCH !!
GRRRR
!!!
TOUGOUDOM !...
SOU...
PAF !
TOUGOUDOMTOUGOUDOMTOUGOUDOM...
OUAAIIIIIS !...
ESSAI ! FANTASTIQUE ESSAI DES 18 MÈTRES MARQUÉ PAR L'A.S DES MULETS DU BÉARN !
AARGLL !...
ON VA FANGER LA TAFTIQUE, LES GARS : FI VE GUEULE "FOUTIEN !" F'EST QUE TOUT VA BIEN. PAR CONTRE, FI VE NE DIS RIEN, F'EST QUE VE FUIS EN DIFFICULTÉ ! VOUS DEVEZ DONC TOUF VENIR M'AIDER !

QUELQU'UN A VU LE BALLON ?
TAIS-TOI ET POUSSE !
SCCRRR
SSSCRiiiii
BUNK !
MON NEZ !
TiENS ! VOiLÀ L'ADRESSE DE MON FRÈRE ! C'EST UN EXCELLENT CHIRURGIEN ESTHÉTIQUE !...
iL TE FERA LE PLUS BEAU NEZ DE LA RÉGION ! HÉ ! HÉ !
!?
C'EST RiEN LA COUÂNE ! UN BON COUP D'ÉPONGE VA T'ARRANGER ÇA !
OUAiS ! EN ATTENDANT, PASSE-MOi TON STYLO, ViTE !
HU ! HU !
PEU APRÈS...
PARFAiT ! J'EN CONNAiS UN QUi VA PAS S'EN TiRER COMME ÇA !
BUNK !
MES DENTS !
TiENS ! VOiLÀ L'ADRESSE DE MA MÈRE ! C'EST UNE EXCELLENTE CUiSiNiÈRE !
ELLE TE FERA LA MEiLLEURE SOUPE DE LA RÉGiON !
!?

SSCCRRRiiiii
?
OH! UN TRÈFLE À 4 FEUILLES!
ÇA! C'EST UN SIGNE DU DESTIN!
PEU APRÈS...
À TOI LOUPIOTE!
TOP!
ON VA BIEN VOIR CE QUE ÇA VAUT! HÉ! HÉ!
TAP! TAP!
WAAAAAAA
!?
BUNK!
J'AI!
TOP!
OUAiiiiiiS!
MAGNIFIQUE ESSAI DU PAC!
TOC!
ENGRAIS "DANIEL"
DESHERBANT "NANARD"
iL EST VRAiMENT PHÉ-NO-MÉ-NAL! LA LA LA LA LA LAA-LA!
BRRAVO LOUPIOTE! C'EST GRRÂCE À TOI QU'ON A PU MARRRQUER!
VE FAVAIS QUE F'ÉTAIS UN HEUREUX PRÉFAGE!

Y'A MÊLÉE AUX PIEDS DES POTEAUX ! ON VA RUSER !
C'EST BOURRICHON QUI VA RÉCUPÉRER LE BALLON ET TIRER UN DROP SANS SE POSER DE QUESTIONS ! VU ?
PEU APRÈS
HOP !
ÇA Y EST ! JE SENS LE BALLON !
PASSE-LE DERRIÈRE ! VITE !
ET SORS TES DOIGTS DE MON NEZ !
JE L'AI !
BOT !
DIS BOURRICHON ! ET ÇA J'EN FAIS QUOI !?
?
LE BALLON !?
C'EST MOI QUE TU AS BOTTÉ IMBÉCILE !!
MAINTENANT, AIDEZ-MOI À DESCENDRE DE LÀ !
!?
AH ! AH !
AH ! AH !
OUAH ! AH !
AH ! AH !
ARF ! ARF !
ARF ! ARF !

PAC!
AÏE!
VOUS VOYEZ LE N°11, CE TYPE QUI JOUE À L'AILE ? IL VIENT DU FOOT ET IL PARAÎT QU'IL EST TRÈS RAPIDE !
ALORS JE COMPTE SUR VOUS POUR LE NEUTRALISER !
HÉ ! HÉ ! D'ACCORD LA TEIGNE !
AU MÊME MOMENT...
MÉFIEZ-VOUS DE LA COUÂNE ET DE L'ANESTHÉSISTE, ILS SONT REDOUTABLES ! L'IDÉAL SERAIT DE LES NEUTRALISER !
JE M'EN CHARGE !
PEU APRÈS...
À TOI !
DÉSODORISANT JULIEN
PRENEZ LE BON AIR AVEC JULIEN
CETTE FOIS, ON LE TIENT !
CETTE FOIS, JE LES TIENS !
HÉ! HÉ!
ET HOP !
OUILLE! AÏE !
?
SOINS DU VISAGE B. PELOUS À L'HUILE DE COUDE
!!
TAF!
BUNF!
BIM!
PAF!
JE T'AI DÉJÀ DIT 100 FOIS QU'AU RUGBY, ÇA NE MARCHE PAS DE SIMULER POUR FAIRE EXPULSER L'ADVERSAIRE !
TAF! TAF!

TOC! TOC!
BON ! ON VA JOUER CETTE PÉNALITÉ À LA MAIN !
ÉCOUTE-MOI BIEN LOUPIOTE ! AVEC TA PUISSANCE, TU DOIS POUVOIR PASSER EN FORCE !
TU RAFFÛTES LE PREMIER, TU DÉFONCES LE SECOND D'UN COUP DE TÊTE ET TU VIRES LE TROISIÈME AVEC L'ÉPAULE !
PIGÉ ?
OUAIS !
ALORS, C'EST PARTI !
ZIIIIIIIIIV
?!
TAGADAP... SPLAF!
TAGADAP... BING!
TAGADAP... BROF!
BONNE TACTIQUE LA TEIGNE !...
C'EST JUSTE DOMMAGE QUE TU NE LUI AIES PAS PRÉCISÉ DE PRENDRE LE BALLON !
?
TAF!
?
?

ARGRrr!..
!!
HÛ! HÛ!
ARF! ARF!
GNIN! HIN!
?
HAN!
WAAAAAAH!
!?
CONFIT
PLAF!
POUF!
TRiiiii!
ESSAi!
QUOI!
IMPOSSIBLE ! Y A "EN-AVANT" !
PAS DU TOUT ! C'EST LE JOUEUR QUE J'AI JETÉ, PAS LE BALLON !
CAMPING Chez Nanar
LES "BO-BAINS" D'ABORD!..
HMM... OUI ! ET RIEN NE L'INTERDIT DANS LE RÈGLEMENT !

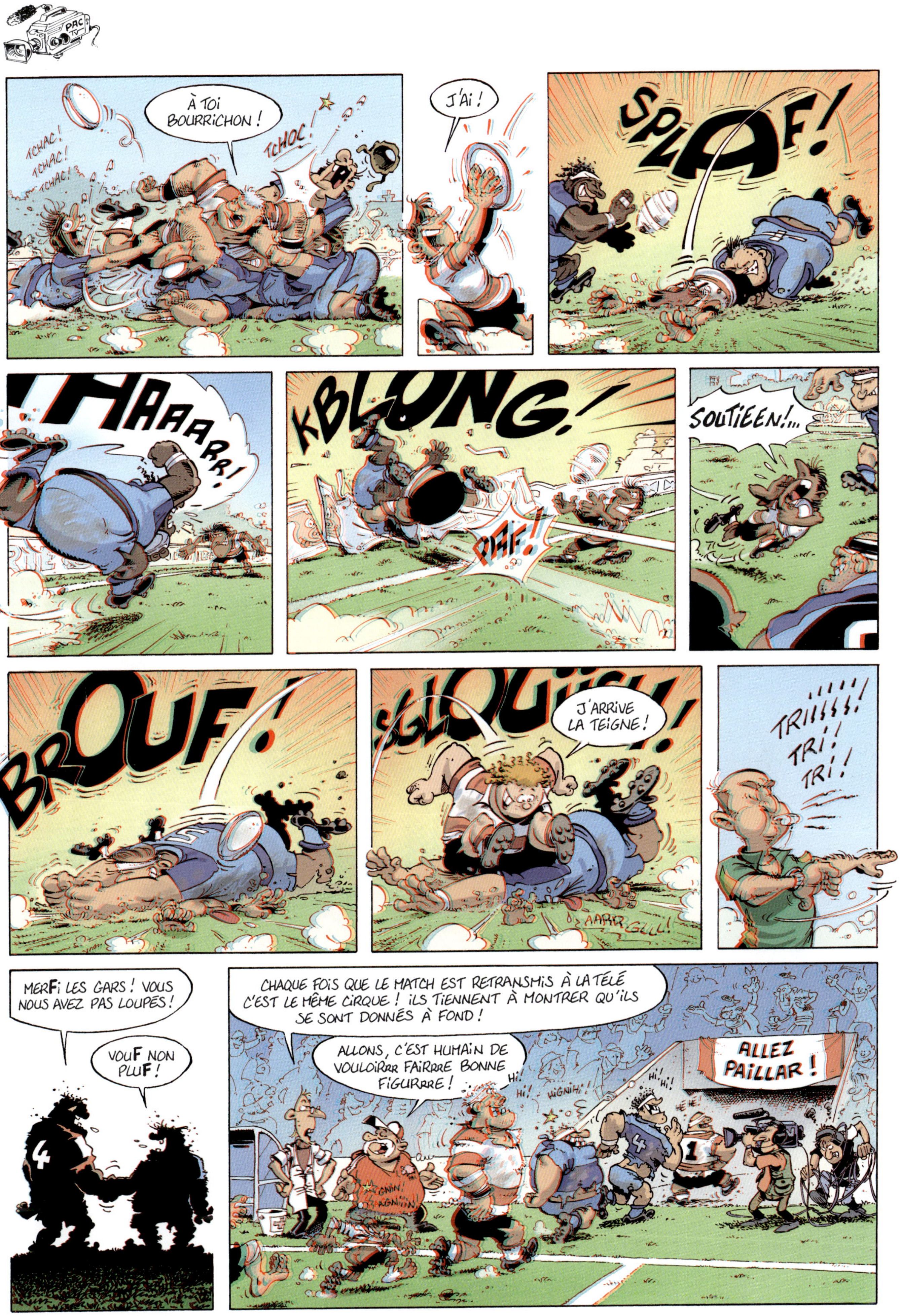

PAC TV
À TOI BOURRICHON !
TCHAC ! TCHAC ! TCHAC !
TCHOC !
J'AI !
SPLAF !
HAAAARR !
KBLONG !
PAF !
SOUTIEEN !...
BROUF !
SGLOUTCH !
J'ARRIVE LA TEIGNE !
AARRGLL !
TRI ! TRI ! TRI !
MERFI LES GARS ! VOUS NOUS AVEZ PAS LOUPÉS !
VOUF NON PLUF !
CHAQUE FOIS QUE LE MATCH EST RETRANSMIS À LA TÉLÉ C'EST LE MÊME CIRQUE ! ILS TIENNENT À MONTRER QU'ILS SE SONT DONNÉS À FOND !
ALLONS, C'EST HUMAIN DE VOULOIRRR FAIRRRE BONNE FIGURRRE !
ALLEZ PAILLAR !

SCHPLAF!
MARQ... OUUTCH!
BROUF!
BLOF!
TRACH!
TRRiiiii! TRi! TRi!
BEAU MATCH PAS VRAI ?
OUAiF! AFFEZ PERFCUTANF!
CLAP! CLAP!
CLAP! CLAP! CLAP!
?!
CE QUi EST iNJUSTE AU RUGBY, C'EST QUE PLUS TU JOUES BiEN, PLUS TU REÇOIS UN TROPHÉE POURRi !
OUAiS ! JE POURRAiS JAMAiS CONVAiNCRE MA FEMME D'ACCROCHER ÇA DANS LE SALON ! MÊME DANS UN BEAU CADRE !

ELLE EST À QUI CETTE DENT ?
TCHOC ! TCHOC !
BIM !
À TOI IMBÉCILE !
PLAF !
HÉ ! HÉ ! C'EST LE MOMENT DE RUSER !
TOUT LE MONDE M'ATTEND CÔTÉ OUVERT...
JE VAIS DONC M'ENGOUFFRER CÔTÉ FERMÉ !
ZIIIV !
!?
SUPERBE ESSAI DE LA TEIGNE !
TOF !
IL COMMENCE À M'ÉNERVER CELUI-LÀ ! JE VAIS M'OCCUPER DE SON CAS !
FAIS PAS ÇA ! T'ES SUICIDAIRE OU QUOI ?
CRAAC !...
POURQUOI ? TU CROIS QUE SES POTES VONT DÉBARQUER SI JE COMMENCE À LE DÉSOSSER ?
OH NON ! ÇA, ÇA NE SERAIT RIEN !
... MAIS IL NE FAUT JAMAIS S'EN PRENDRE À LA TEIGNE QUAND SA FEMME ASSISTE AU MATCH !
!
VAS-Y MON CHÉRI ! JE SUIS AVEC TOI !...
TE LAISSE PAS DÉMONTER !
HÉ ! HÉ !
SKIS MARCONNET POUR SE LA PÉTER !

PLAF !
AH OUI ! TRÈS BIEN !
PEU APRÈS...
BRCOUF !
OUUUUTCH !
EFFECTIVEMENT !
QUELQUES INSTANTS PLUS TARD...
TCHAF ! TCHAF ! TCHAF !
TRÈS JUSTE !
PAS MAL TON IDÉE D'ÉCRIRE DES CONSIGNES SUR LE SEAU ! MAIS LES JOUEURS LES REÇOIVENT UN PEU TARD !
TU CRRROIS ?
méfie-toi du n°7 adverse
PAC
BRATCH !
LE DROP

POUUUUCE !
MAIS ON FAIT QUE ÇA POUSSER !
TENEZ BON ! J'ARRIVE !
BOLOMBOLO
BROOF !
PAF ! TCHAC ! TONF ! TONF ! TONF !
MACAREL ! IL EST FORT CELUI-LÀ !
OUI ! MAIS T'EN FAIS PAS, IL N'EST PAS DANGERRREUX !
PIF PAF ! CHTONF !
AH BON ? POURQUOI TU DIS ÇA ?
TCHAF ! TCHAF ! TCHAF ! TCHA
NIARK ! NIARK !
HOUUUUCE !...
BEN, PARRRCE QU'IL EST DALTONIEN !
AH ! AH ! AH !
!
FROM KIPL

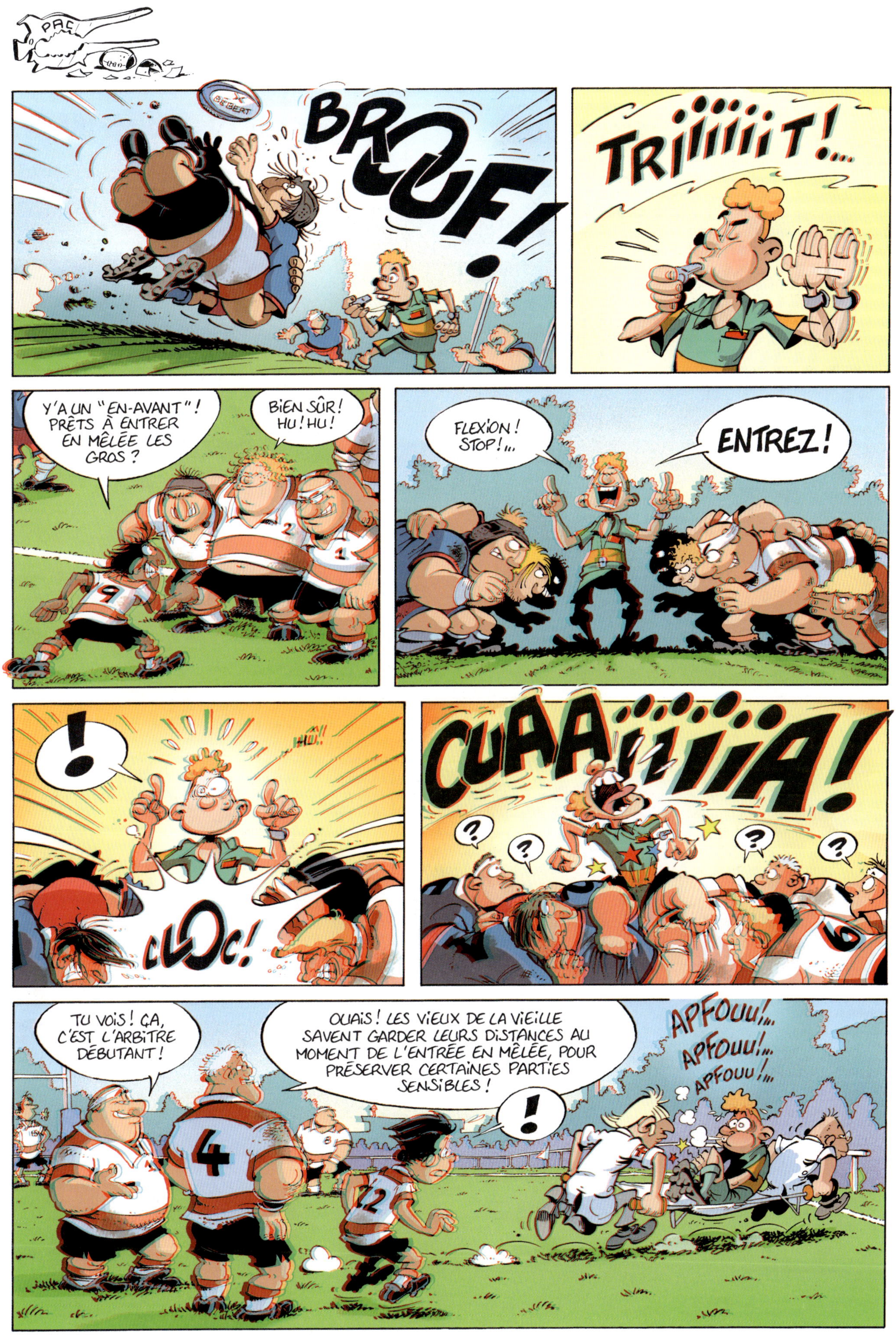
PAC
BEBERT
BROUF!
TRiiiiiiT!...
Y'A UN "EN-AVANT"! PRÊTS À ENTRER EN MÊLÉE LES GROS ?
BIEN SÛR! HU! HU!
FLEXION! STOP!...
ENTREZ!
!
HÛ!
CLOC!
CUAAiiiiiA!
?
?
?
?
TU VOIS! ÇA, C'EST L'ARBITRE DÉBUTANT!
OUAIS! LES VIEUX DE LA VIEILLE SAVENT GARDER LEURS DISTANCES AU MOMENT DE L'ENTRÉE EN MÊLÉE, POUR PRÉSERVER CERTAINES PARTIES SENSIBLES!
!
APFOUU!...
APFOUU!...
APFOUU!...

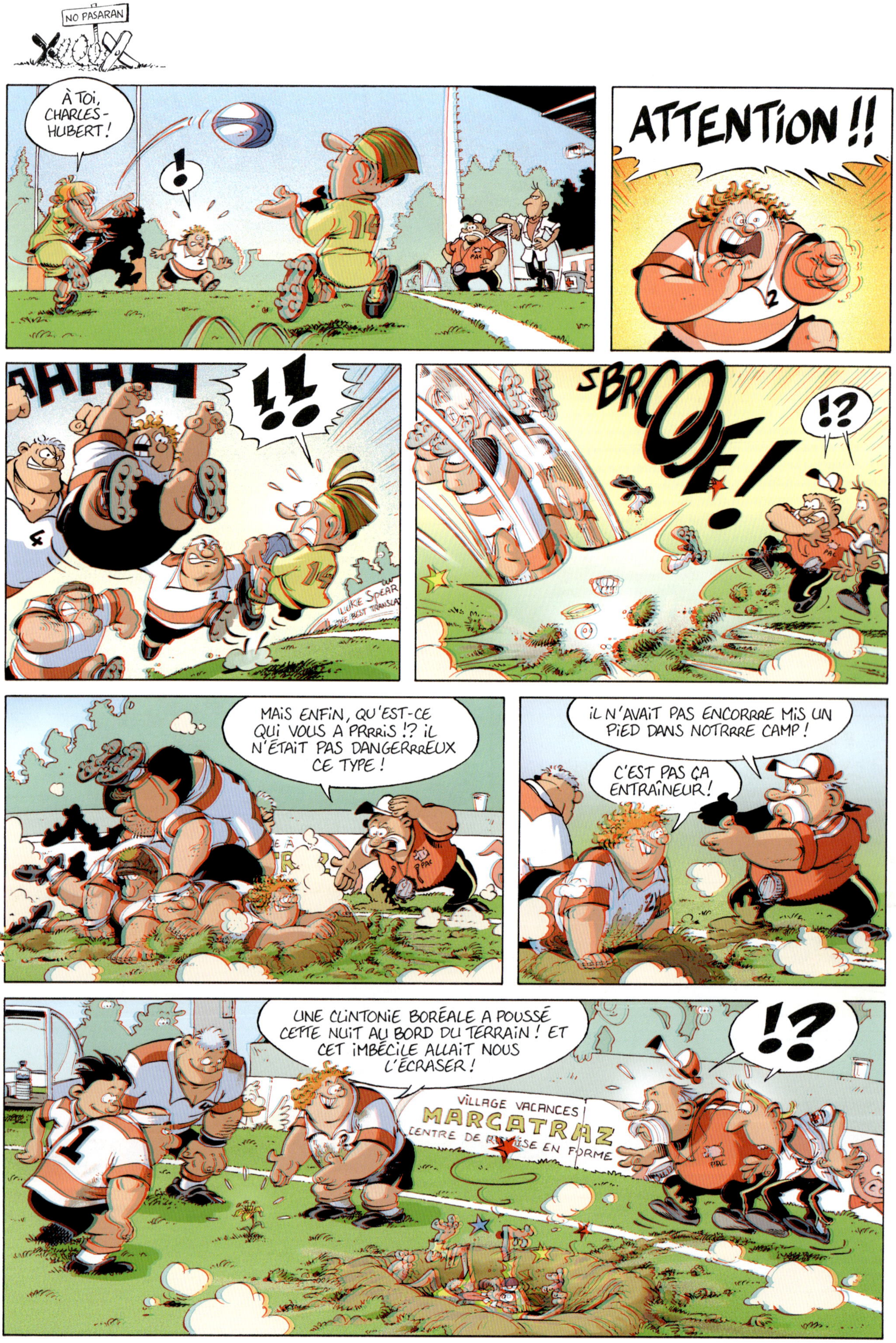
NO PASARAN
À TOI, CHARLES-HUBERT !
!
ATTENTION !!
!!
SBRCOOF !
!?
MAIS ENFIN, QU'EST-CE QUI VOUS A PRRRIS !? IL N'ÉTAIT PAS DANGERRREUX CE TYPE !
IL N'AVAIT PAS ENCORRRE MIS UN PIED DANS NOTRRRE CAMP !
C'EST PAS ÇA ENTRAÎNEUR !
UNE CLINTONIE BORÉALE A POUSSÉ CETTE NUIT AU BORD DU TERRAIN ! ET CET IMBÉCILE ALLAIT NOUS L'ÉCRASER !
!?
VILLAGE VACANCES
MARCATRAZ
CENTRE DE R...ISE EN FORME

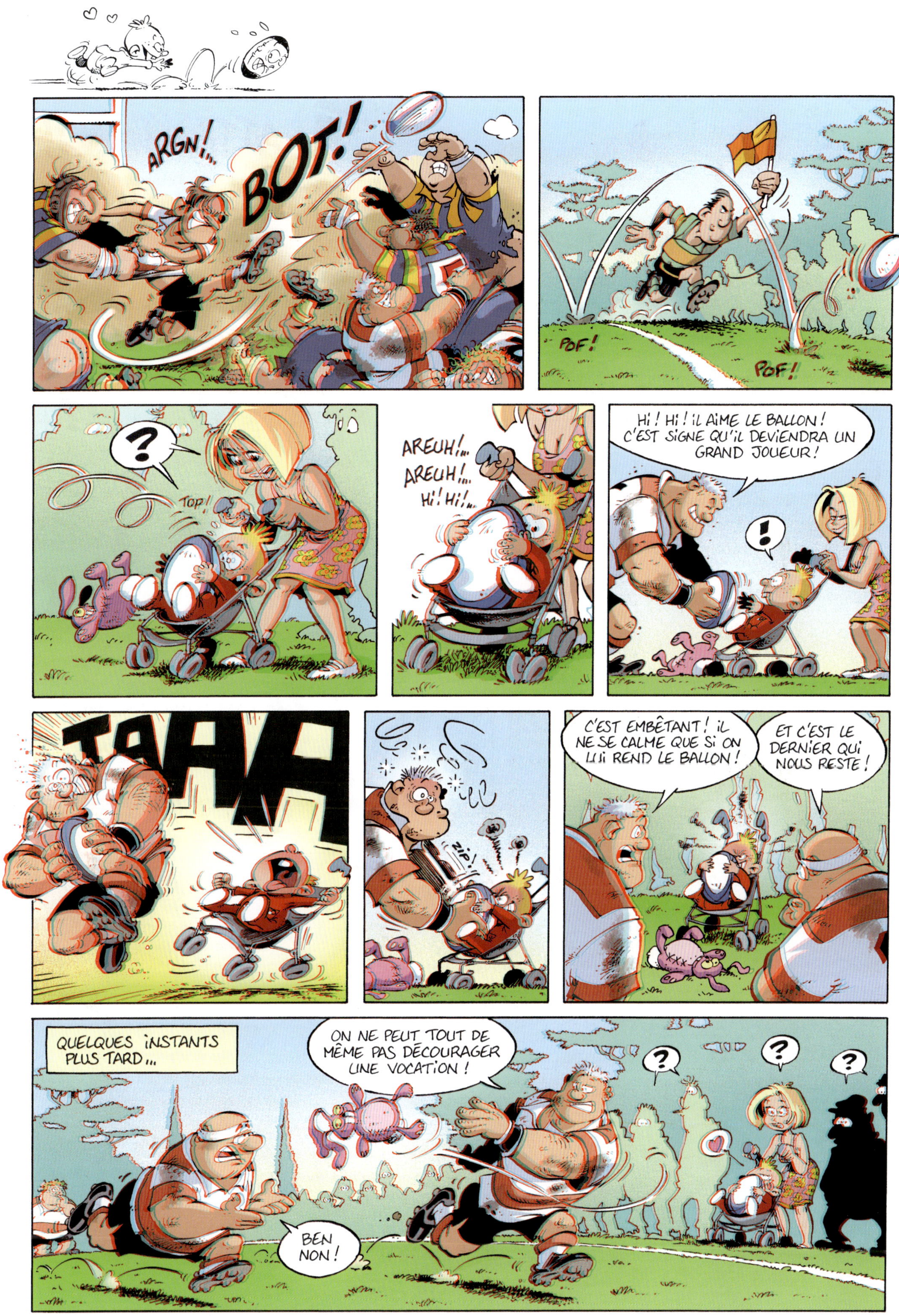

ARGN!...
BOT!
POF!
POF!
?
TOP!
AREUH!... AREUH!... HI! HI!...
HI! HI! IL AIME LE BALLON! C'EST SIGNE QU'IL DEVIENDRA UN GRAND JOUEUR!
!
TAAA
ZIP!
C'EST EMBÊTANT! IL NE SE CALME QUE SI ON LUI REND LE BALLON!
ET C'EST LE DERNIER QUI NOUS RESTE!
QUELQUES INSTANTS PLUS TARD...
ON NE PEUT TOUT DE MÊME PAS DÉCOURAGER UNE VOCATION!
?
?
?
BEN NON!

ET HOP!
MERCI!
?
?
ARF! ARF!
TAGADAP TAGADAP!...
HÉ! HÉ! MERCI ENCORE!
TCHAP!
!
JE CROIS QU'IL EST PAR LÀ!
Hi! Hi!
JE TE SUIS!
SPLAF!
?
BUNK!!
OUAiiiiS!...
VIVE PAILLAR!...
OLÉ!
ATTILA
ENCORE UN SUPERBE ESSAI DU PAC QUI MÈNE 35 À 0 EN SEULEMENT 13 MIN DE MATCH!
PAILLAR VISITEURS
35 00
ZZZ
C'EST PLUTÔT UNE RENCONTRE FACILE!
OUAIS! NOS ADVERSAIRES ONT JURÉ DE NE PLUS SE RASER LE MOINDRE POIL TANT QU'ILS N'AURONT PAS GAGNÉ UN MATCH!...
... MAIS PLUS LA SAISON AVANCE, MOINS ILS ONT DE CHANCES D'Y ARRIVER! HI! HI!
PLAF!
TON CAMP EST LÀ-BAS!
AH BON?

PAC
SNOUF! SNOUF!
EN DORDOGNE, FACE À L'ÉQUIPE DES PÉRILS-GOURDINS...
HÉ! HÉ!
GROTTE
BROOF!
TCHOUF!
ON Y EST!
NOUS AUSSI!
LASCAUX
OH!
?
?
?
FOUS NE DEFINEREZ JAMAIS FE QUE J'AI TROUFÉ LES GARS!
DES TRUFFES!
DES TRUFFES!?
?
?
!
!
QUELQUES INSTANTS PLUS TARD...
VOTRE COPAIN AURAIT MIEUX FAIT DE LA BOUCLER! ON N'EST PAS PRÈS DE POUVOIR REPRENDRE LA PARTIE!
?
SLURP!
SNOUF! SNOUF!
GRAT! GRAT! GRAT!

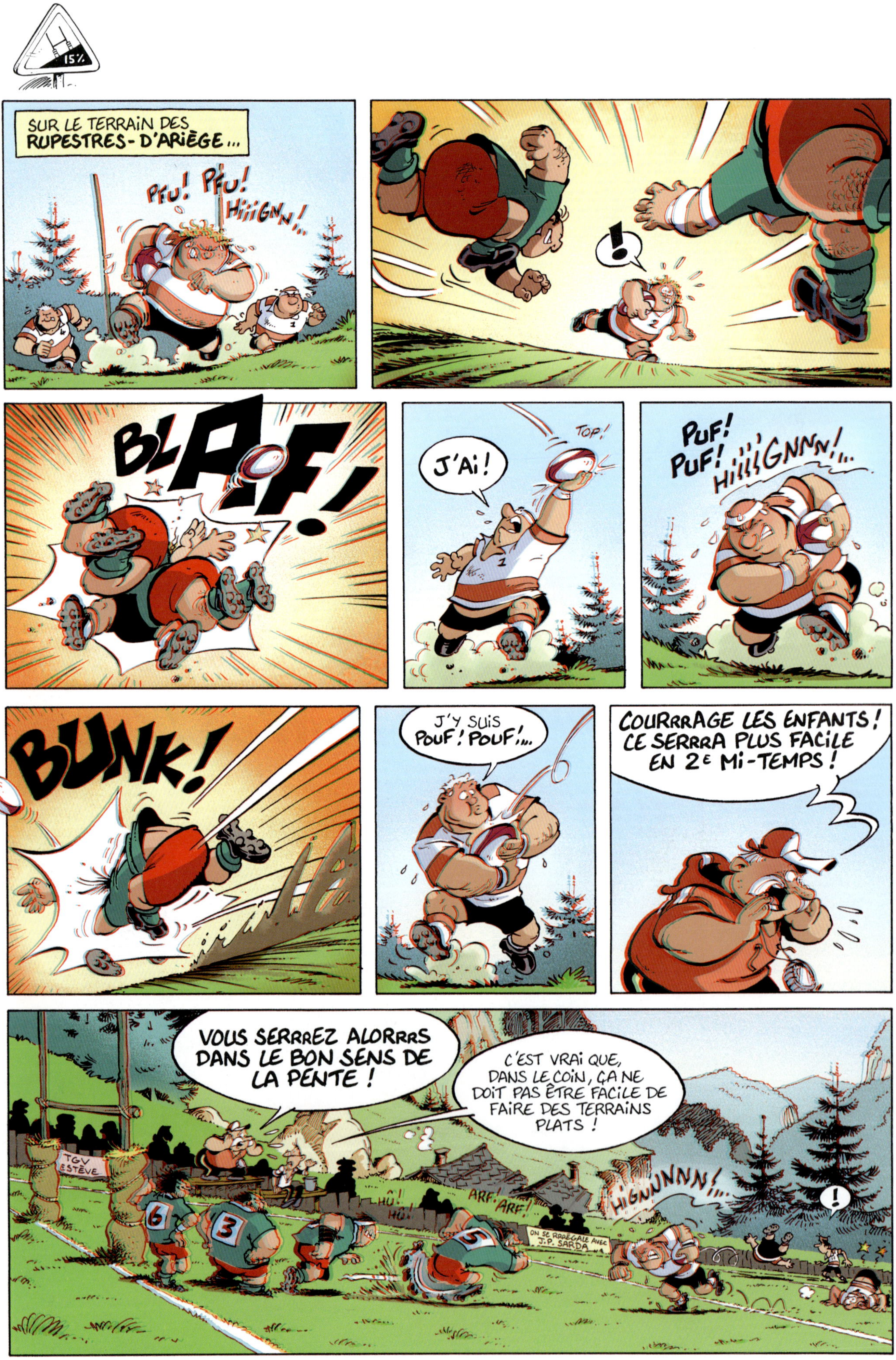
15%
SUR LE TERRAIN DES RUPESTRES-D'ARIÈGE...
PFU! PFU! HIIIGNN!..
!
BLAF!
J'AI!
TOP!
PUF! PUF! HIIIIGNNN!..
BUNK!
J'Y SUIS POUF! POUF!...
COURRRAGE LES ENFANTS! CE SERRRA PLUS FACILE EN 2E MI-TEMPS!
VOUS SERRREZ ALORRRS DANS LE BON SENS DE LA PENTE!
C'EST VRAI QUE, DANS LE COIN, ÇA NE DOIT PAS ÊTRE FACILE DE FAIRE DES TERRAINS PLATS!
TGV ESTÈVE
HÛ! HÛ!
ARF! ARF!
ON SE RRÉGALE AVEC J.P. SARDA
HIGNNNNN!..
!

ESPACE PIF PAF BEAUTÉ
C'EST BIEN COMPRrris, LES ENFANTS ! AUJOURrrD'HUI, ON AXE LE JEU SURrr LOUPIOTE ?
OUAiiS !
SUR LE TERRAIN,
À TOI LOUPIOTE !
PEU APRÈS...
FONCE LOUPIOTE !
PUF! PUF!
PAF !
ET PUIS...
TIENS BON, LOUPIOTE !
BLOF !
80 MINUTES PLUS TARD...
AAAH ! JE SAVAIS QUE C'ÉTAIT UNE BONNE IDÉE DE METTRrre LOUPIOTE EN AVANT !
... IL FALLAIT FAIRrre RrrESSORTIRrr SON CHARrrME POURrr QU'IL OBTIENNE UN NOUVEAU RrrENDEZ-VOUS AVEC KATIA !

PAC

COT!... CODÉEK!
GROUiK!.. GROUiK!..
COIN! COIN!
LOUPIOTE!
LA TEIGNE!
BOLOM! BOLOM! BOLOM! BOLOM!
COIN! COIN!
COT! COT!
BOURRICHON!
L'INGÉNIEUR!
BOLOM! BOLOM! BOLOM! BOLOM!...
C'EST BIEN, LES ENFANTS! GARRRDEZ LE RRRYTHME!
COIN! COIN!
GROUiK!...
?
VOUS N'ÉTIEZ PAS AU STADE, MAIS ON M'A DIT QUE JE VOUS TROUVERAIS ICI!
ET OUI, MELLE LA DIÉTÉTICIENNE! UNE FOIS PARRR SAISON, NOUS VENONS NOUS ENTRRRAÎNER CHEZ LA COUÂNE, À LA FERRRME!
COMME ÇA, IL N'Y A PLUS DE TAUPES DANS LES CHAMPS PENDANT AU MOINS UN AN!
!
BOLOM! BOLOM! BOLOM! BOLOM! BOLOM!...
FFFRRRRRRRR...

À TOI L'ANESTHÉSISTE !
POF !
HOUP LÀ !
TOP !
ATTRAPE, L'INGÉNIEUR !
J'AI !
ET HOP !
TRiii
HOURRA !
OUAiiiS !
MAIS ENFIN ! QU'EST-CE QU'ILS ONT À JOUER COMME ÇA !
C'EST L'ANNIVERRRSAIRRRE D'ANDRRREW, NOTRRRE JARRRDINIER ! ALORRRS, ON A DÉCIDÉ DE LUI FAIRRRE UNE SURRRPRRRISE EN ÉPARRRGNANT SA PELOUSE !...
MÊME LES ADVERRRSAIRRRES ONT BIEN VOULU JOUER LE JEU !
!
BURP !
HAPPY BEURSDÉ ANDROU !
andrew

YEAH !
COOL !
ARGHH !... J'EN PEUX PLUS !
SI TU CROIS QUE T'ES LE SEUL !
HUMPF !
IGNNN !
JE VAIS FINIR PAR CRAQUER ! Y A AU MOINS 4 TYPES QUI ME MARCHENT DESSUS !
RAAÂÂH !
ET MOI, Y EN A 3 QUI ME MORDENT !
MOI, Y EN A QU'UN, MAIS JE TE RACONTE PAS OÙ !
HUMPF !
COURAGE LES GARS ! JE SAIS QUE C'EST DUR, MAIS FAUT TENIR !... HIGNNN !...
GNNN !
GRRA...
TRI ! TRI ! TRIIIII !
ET VOILÀ C'EST FINI !
AAAAH !... C'EST PAS TROP TÔT !
EN TOUT CAS, VIVEMENT DIMANCHE PROCHAIN QU'ON REJOUE !
ÇA, TU L'AS DIT !

BROUF!
PHOTO PEPPINO
BING!
HÉ, LA TEIGNE !... T'AS VU ? L'ARBITRE PARAÎT DISTRAIT PAR MOMENT !
IL DOIT DÉBUTER !
PAS DU TOUT L'INGÉNIEUR ! AU CONTRAIRE !
C'EST LA MARQUE D'UN GRAND ARBITRE EXPÉRIMENTÉ QUI CONNAÎT PARFAITEMENT SON RUGBY !
IL SAIT QU'IL Y A DES MOMENTS OÙ IL FAUT REGARDER AILLEURS POUR LAISSER LES JOUEURS S'EXPLIQUER ENTRE EUX !
PAF!
BING!
TONF! TONF! TONF!
PIF!
TCHAC! TCHAC!

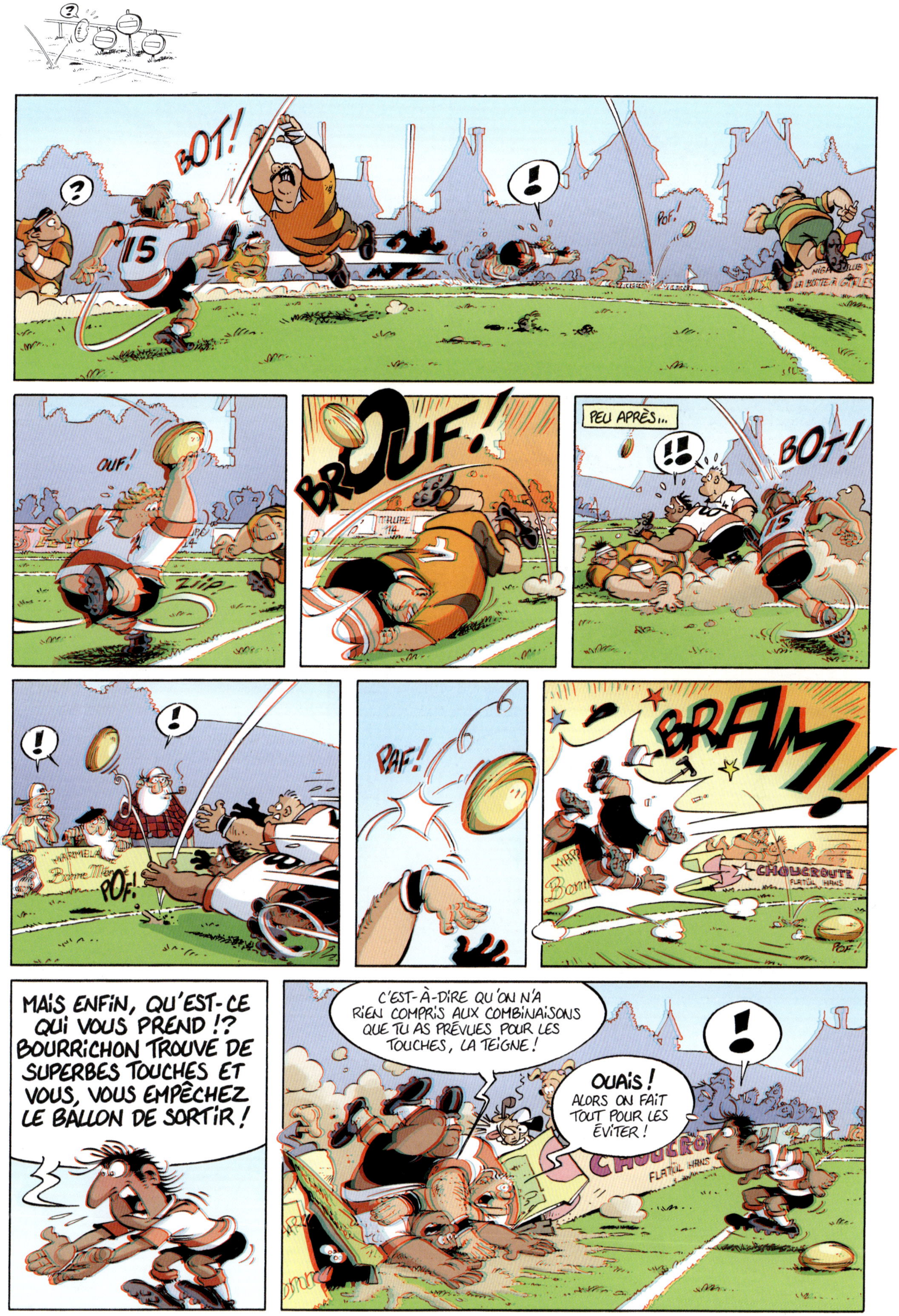
BOT!
?
!
POF!
OUF!
ZIIP!
BROUF!
PEU APRÈS...
!!
BOT!
!
!
POF!
PAF!
BRAM!
CHOUCROUTE
POF!
MAIS ENFIN, QU'EST-CE QUI VOUS PREND !? BOURRICHON TROUVE DE SUPERBES TOUCHES ET VOUS, VOUS EMPÊCHEZ LE BALLON DE SORTIR !
C'EST-À-DIRE QU'ON N'A RIEN COMPRIS AUX COMBINAISONS QUE TU AS PRÉVUES POUR LES TOUCHES, LA TEIGNE !
OUAIS ! ALORS ON FAIT TOUT POUR LES ÉVITER !
!

!
!
SHPLAF!
BRAOOOF!
HÉ! HÉ!
PLAF!
MAIS ENFIN, QU'EST-CE QU'ILS FONT ?
BEN... VOUS SAVEZ QUE DEMAIN, NOUS DEVONS JOUER UN MATCH TRrrÈS IMPORrrTANT CONTRrrE LES "CHTARrrBÉS DE TARrrBES" !
PAF!
BOUM!
TCHAC!
J'AI DONC ORrrGANISÉ CET ENTRrrAÎNEMENT POURrr M'ASSURrrER QUE TOUS LES JOUEURrrS ÉTAIENT AU SUMMUM DE LEURrr FORrrME !
EH BIEN, ILS L'ÉTAIENT !
HU! HU!
HÉ! HÉ!
!

ARGRRR !..
ARGLL !...
BROLOM ! BROLOM ! BROLOM !...
!
LA TEIGNE EST DANS UN SALE ÉTAT ! IL VAUT MIEUX L'ÉVACUER !
BRANCARDIERS !
QUELQUES INSTANTS PLUS TARD...
PLOT !
PIN PON !...
PIN PON !...
ATTENTION !! NE LE LAISSEZ PAS FILER !
?
!
?
!
!
ZIOUF !
TCHAF !
?!
?!
ZE ZUIS PEUT-ÊTRE KO, MAIS PAS AU POINT DE LAISSER UN ADVERSAIRE MARQUER ZANS RÉAGIR, QUAND MÊME !
!!

GUIDE MICHELOU
UNE MÊLÉE ! C'EST L'ENDROIT IDÉAL POUR RÉGLER ÇA !
HÉ ! HÉ ! COMME TU DIS !
TOUCHEZ !... STOP !... ENTREZ !
BROUF !
TENEZ !
PIF ! PAF !
TONK !
MERCI !
DE RIEN ! C'EST TOUT À FAIT NORMAL ! VOUS AURIEZ FAIT LA MÊME CHOSE POUR NOUS !
BIM !
TCHOUK ! TCHOUK ! TCHOUK !
ET COMMENT !
PLAF !
BAF ! TOMB !
TCHAC
ON SAURA S'EN SOUVENIR, NE VOUS EN FAITES PAS !
AH ! QUAND MÊME !
HOP !
BEN, VOUS EN AVEZ MIS DU TEMPS POUR SORTIR LE BALLON ! QU'EST-CE QUE VOUS FAISIEZ LÀ-DEDANS !?
LES " BIBENDUM D'AUVERGNE " NOUS ONT REFILÉ QUELQUES ADRESSES DE BISTROS ET DE RESTOS DU COIN !
DRÔLEMENT SYMPAS CES GARS !
!
BANQUE MICHELOR
BOUCHERIE Chez Mich
SAUCISSARD MICHELARD

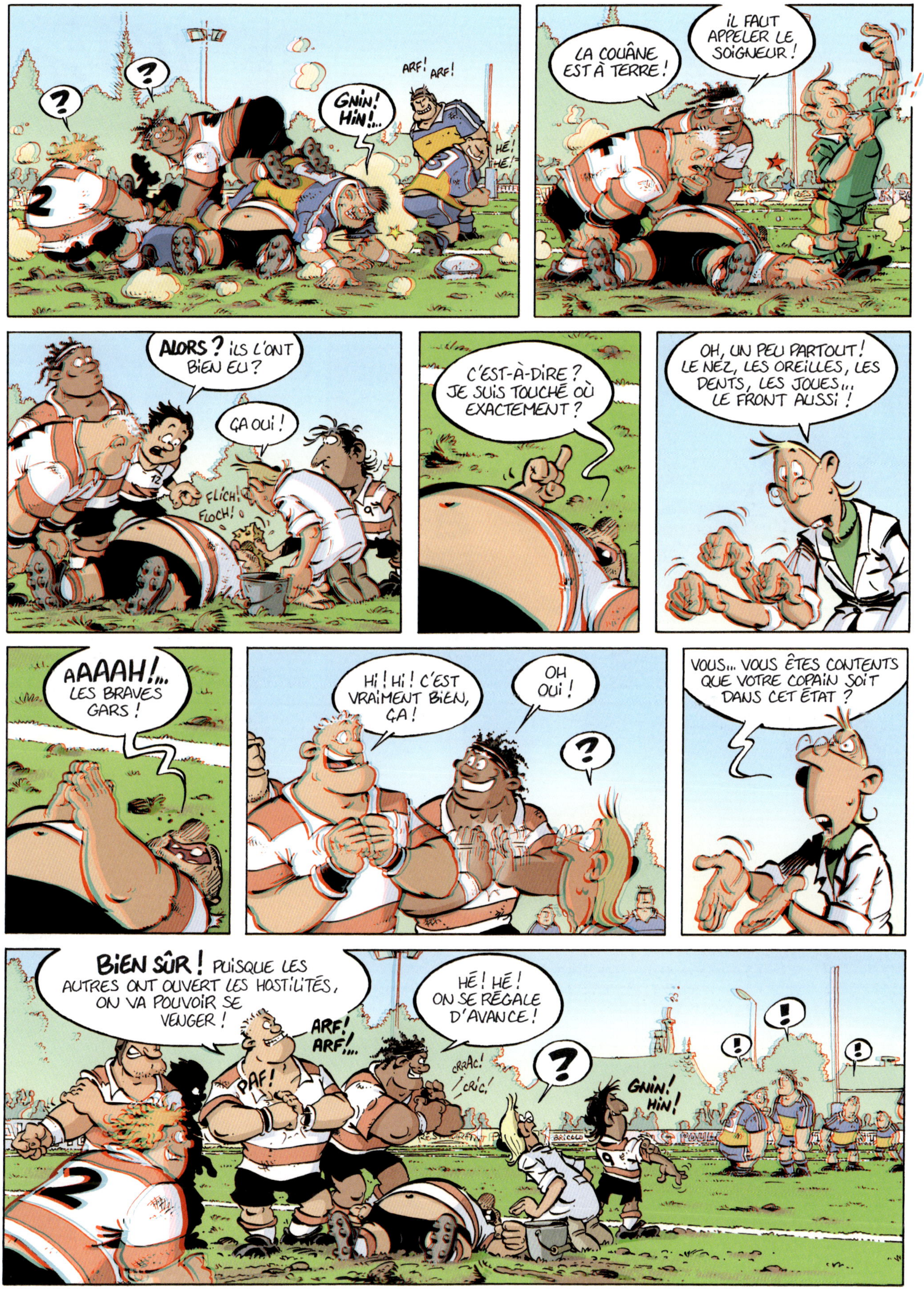
?
?
GNIN! HIN!...
ARF! ARF!
HÉ! HÉ!
LA COUÂNE EST À TERRE!
IL FAUT APPELER LE SOIGNEUR!
TRIT!
ALORS? ILS L'ONT BIEN EU?
ÇA OUI!
FLICH! FLOCH!
C'EST-À-DIRE? JE SUIS TOUCHÉ OÙ EXACTEMENT?
OH, UN PEU PARTOUT! LE NEZ, LES OREILLES, LES DENTS, LES JOUES... LE FRONT AUSSI!
AAAAH!... LES BRAVES GARS!
HI! HI! C'EST VRAIMENT BIEN, ÇA!
OH OUI!
?
VOUS... VOUS ÊTES CONTENTS QUE VOTRE COPAIN SOIT DANS CET ÉTAT?
BIEN SÛR! PUISQUE LES AUTRES ONT OUVERT LES HOSTILITÉS, ON VA POUVOIR SE VENGER!
PAF!
ARF! ARF!...
HÉ! HÉ! ON SE RÉGALE D'AVANCE!
CRAAC! CRIC!
?
GNIN! HIN!
!
!
!

CH'ALUT BILOUT !
?

LES GARS, ON REÇOIT AUJOURD'HUI UN CLUB DU NORD : "LES BARAQUÉS DE FRITT" ! FAUT PAS HÉSITER À LES ASSAISONNER !
EN TOUT CAS, ILS ONT L'AIR CONTENTS D'ÊTRE ICI !
SAUCISSON
TRIIIIIT !
C'EST PARTI !
SPLAF !
BROUF !
STONF !
AAAAAH !... QUEL PFIED !
?
AH BON ? VOUS AIMEZ TANT QUE ÇA VOUS FAIRE PLAQUER, DANS VOTRE ÉQUIPE ?
OH NON ! F'EST PAS FA !
FHEZ NOUS, ON JOUE GÉNÉRALEMENT FUR DES TERRAINS HUMIDES ET GORGÉS D'EAU...
ARF ! ARF !
AHF ! AHF !...
ALORS IFI, OÙ LA PELOUSE EST BIEN FÈCHE, QU'EST-FE QU'ON F'ÉCLATE !
?
?
JAMBON DE BAYONNE

PAF!

BIM! BIM!
PAF! PAF! PAF!
J'AI !
BOT!
OH ! OH ! TU AS REFAIT LE PORTRAIT DE TON VIS-À-VIS, LA COUÂNE !
OUI ! À TOUS LES COUPS, IL VA CHERCHER À SE VENGER !
PLAF!
QU'EST-CE QUE JE T'AVAIS DIT, SÉCATEUR !
MAIS POURQUOI IL SE VENGE SUR UN DE SES PARTENAIRES ?
BEN... SI SON N° 12 N'AVAIT PAS FAIT UN EN-AVANT, IL N'Y AURAIT PAS EU MÊLÉE... ET IL N'AURAIT PAS RAMASSÉ !
LOGIQUE, NON ?
!?
GULP!

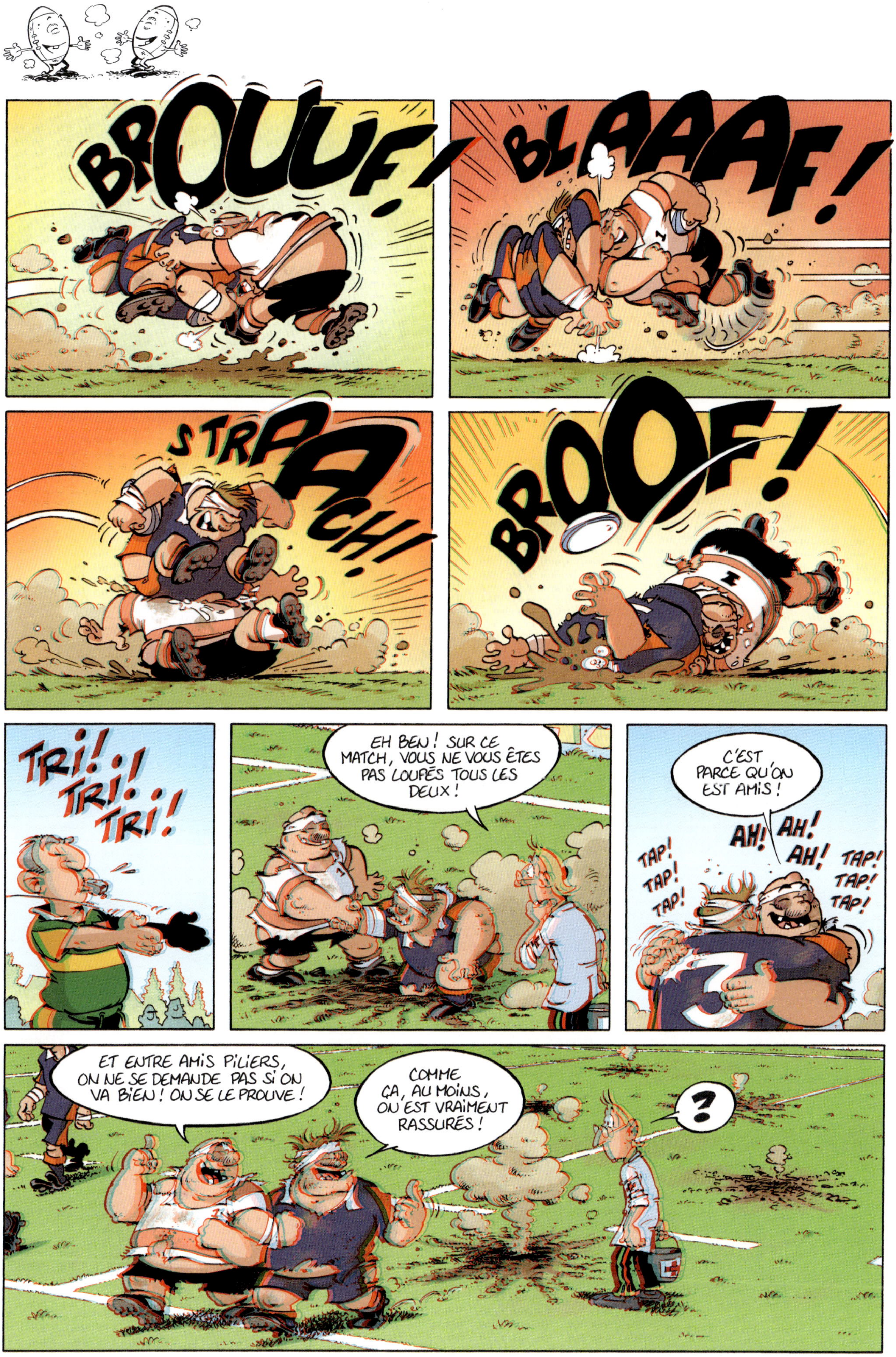
BROUUF !
BLAAAAF !
STRAACH !
BROOF !
TRI ! TRI ! TRI !
EH BEN ! SUR CE MATCH, VOUS NE VOUS ÊTES PAS LOUPÉS TOUS LES DEUX !
C'EST PARCE QU'ON EST AMIS !
AH ! AH ! AH !
TAP ! TAP ! TAP !
TAP ! TAP ! TAP !
ET ENTRE AMIS PILIERS, ON NE SE DEMANDE PAS SI ON VA BIEN ! ON SE LE PROUVE !
COMME ÇA, AU MOINS, ON EST VRAIMENT RASSURÉS !
?

RAAAHHH...
ET HOP!
ARGNN!
IGNNNNN!..
PUF! PUF!
HIGNN!..
SCRAATCH!
!
DIS DONC, LA TEIGNE...
?
TANT QUE LE BALLON N'EST PAS ARRIVÉ, PAS LA PEINE DE SORTIR TOUT CE QUE TU AS À PORTÉE DE MAINS !!
!

LUI
HOP !
SPLACH !
Teddy FORME FITNESS
GNARF ! ARF !
JE CROIS QU'IL VA FALLOIR APPELER UNE AMBULANCE !
AH BON ! C'EST SI GRAVE QUE ÇA ?
FLITCH !
FLOUTCH !..
OH NON ! CE N'EST PAS POUR LA TEIGNE !
?
C'EST POUR CELUI QUI L'A PLAQUÉ À RETARDEMENT, UNE FOIS QUE NOS AVANTS AURONT FINI DE S'OCCUPER DE LUI !
!
THE FRENCH BLAIR
PIF ! PAF ! BROUF !
BING !
!

PLAF !
OLÉÉ !...
TRIII !
OUAAiis !
POF !
ON A GAGNÉÉÉ !
VIVE PAILLAAAR !
TRI ! TRI ! TRI !
L'ANESTHÉSISTE A FAIT UNE BELLE PARTIE ! PAS FACILE DE L'ARRÊTER CELUI-LÀ...
TU L'AS DIT !
D'APRÈS MOI, ÇA DOIT ÊTRE POSSIBLE, MAIS JE TE RACONTE PAS LE GABARIT QU'IL FAUT AVOIR !
PFIOU !..
LE SOIR...
ET MOI, JE TE DIS QUE TU NE SORTIRAS PAS BOIRE UN VERRE AVEC TES COPAINS !
D'ACCORD MA CHÉRIE !

ALLEZ PAILLAR !
PAF !
TÔNF !
ALLEZ LES CANARDEURS DU GERS !
BOT !
ARGN !..
BROUF !
TRI ! TRI ! TRI !
AAAAH ! C'ÉTAIT RUDE AUJOURD'HUI...
?
ÇA FAIT DU BIEN QUAND ÇA S'ARRÊTE, PAS VRAI ?
EUH... PARLE POUR TOI !
?!
BAF !
!
MOI, CHAQUE FOIS QUE JE SORS DU TERRAIN DANS CET ÉTAT, MA FEMME EST TELLEMENT FURIEUSE QU'ELLE ME COLLE UNE GIFLE !
FOIE GRAS
LES QUINQUINS du GERS
LOU CAQUET VEILLE AU GRAIN

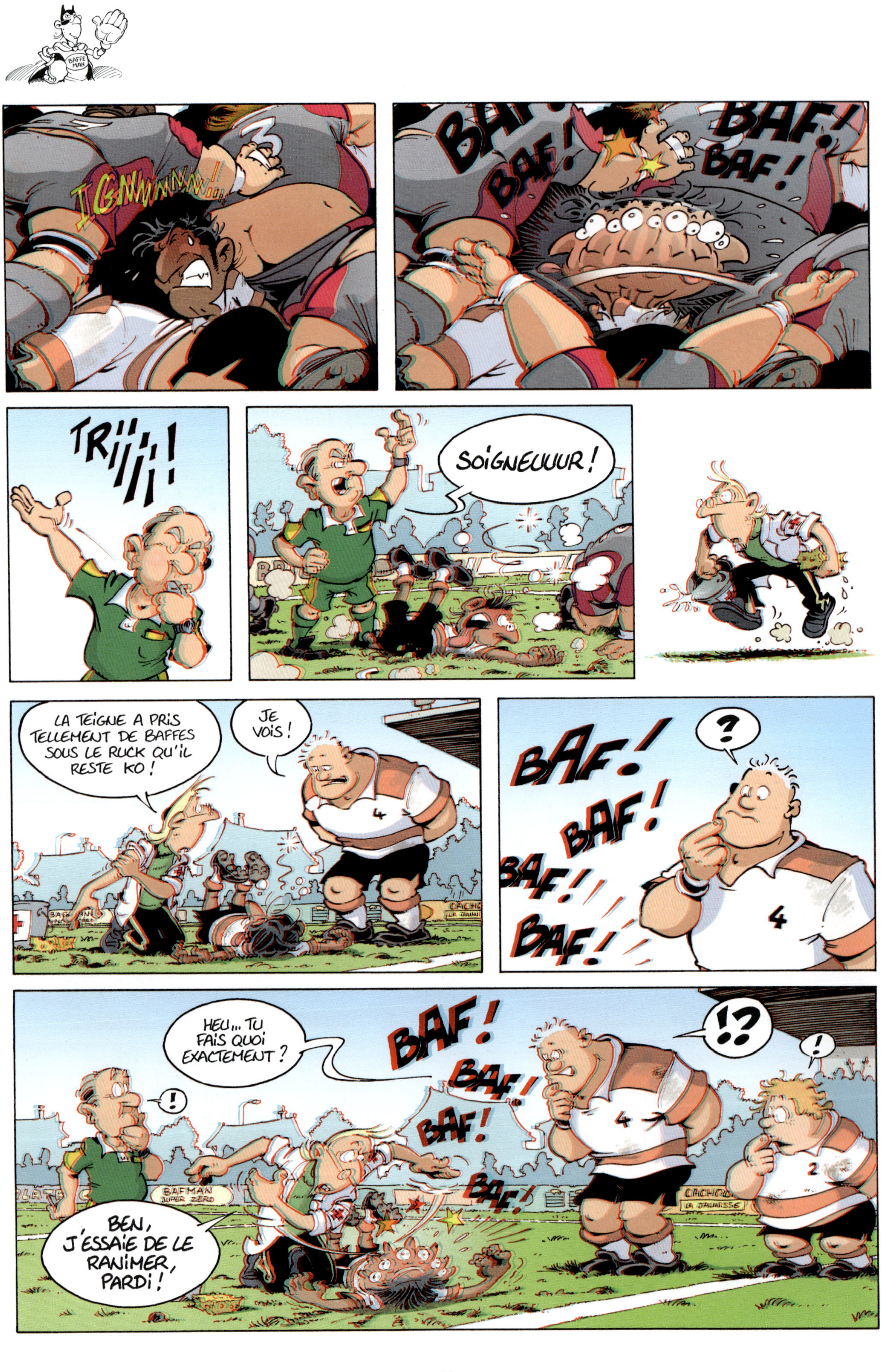
IGNNNNNNN...!
BAF!
BAF!
BAF!
BAF!
TRIIIII!
SOIGNEUUUR!
LA TEIGNE A PRIS TELLEMENT DE BAFFES SOUS LE RUCK QU'IL RESTE KO!
JE VOIS!
?
BAF!
BAF!
BAF!
BAF!
HEU... TU FAIS QUOI EXACTEMENT?
BAF!
BAF!
BAF!
BAF!
!?
!
!
BEN, J'ESSAIE DE LE RANIMER, PARDI!
BAFMAN SUPER ZERO
CACHOU LA JAUNISSE

FONCE LA TEIGNE !
RÂÂÂÂÂÂÂ !...
BLOF !
JE DOIS PASSER ! JE DOIS PASSER !
SCRRAAAC !!
?
BLAF !
OUTCH !!
ÇA VIENT ! ENCORE UN EFFORT !
IGNNNN !...
SCRATCH !
!
TRIIII !...
LA TEIGNE ! TU SORS !
POURQUOI ? IL N'A COMMIS AUCUNE FAUTE !
NON ! MAIS IL NE PEUT PAS CONTINUER LA PARTIE COMME ÇA !
C'EST PAS JUSTE ! J'ÉTAIS POURTANT PASSÉ À LA RÉGULIÈRE !
POF

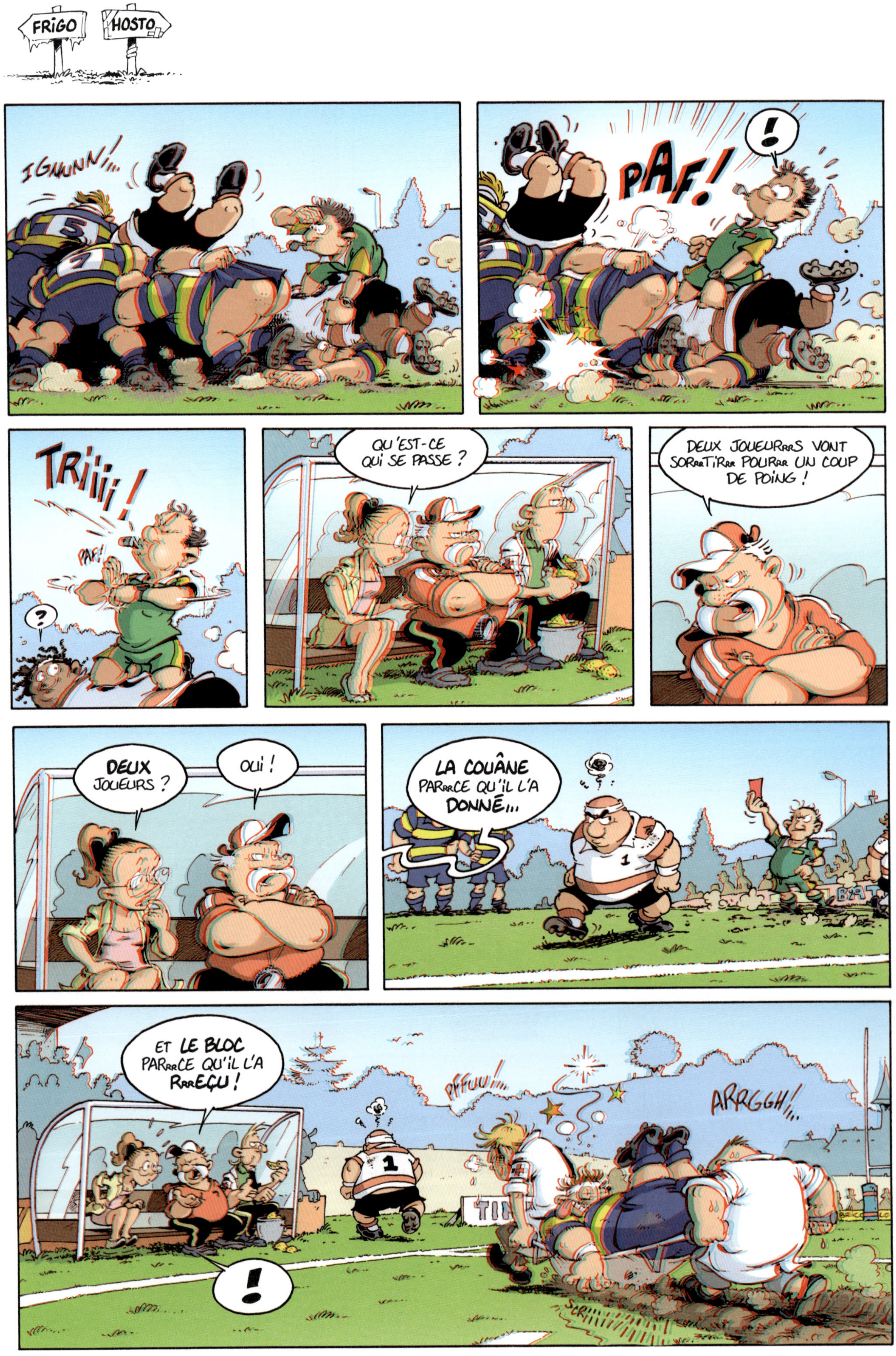
FRIGO
HOSTO
IGNUNN !...
PAF !
!
TRIIII !
PAF !
?
QU'EST-CE QUI SE PASSE ?
DEUX JOUEURRRS VONT SORRRTIRRR POURRR UN COUP DE POING !
DEUX JOUEURS ?
OUI !
LA COUÂNE PARRRCE QU'IL L'A DONNÉ...
ET LE BLOC PARRRCE QU'IL L'A RRREÇU !
PFFUU !...
ARRGGH !...
!
SCRIIIIIII

www.bamboo.fr

La fabrication de cet album répond au processus de développement durable engagé par Bamboo édition. Il a été imprimé sur du papier certifié PEFC.

Réalisation 3D : variation3d.com

116, rue des Jonchères - BP 3
71012 CHARNAY-lès-MÂCON cedex
Tél. 03 85 34 99 09 - fax 03 85 34 47 55
Site Web : www.bamboo.fr
E-mail : bamboo@bamboo.fr

PREMIÈRE ÉDITION
Dépôt légal : juin 2014
ISBN 978-2-8189-3104-2
Imprimé en France par PPO Graphic, 91120 Palaiseau
Printed in France

Vous aimerez aussi…

Boulard • 2 tomes
Scénario : Erroc
Dessins : Mauricet

Les Profs • 16 tomes
Scénario : Erroc
Dessins : Pica + Mauricet

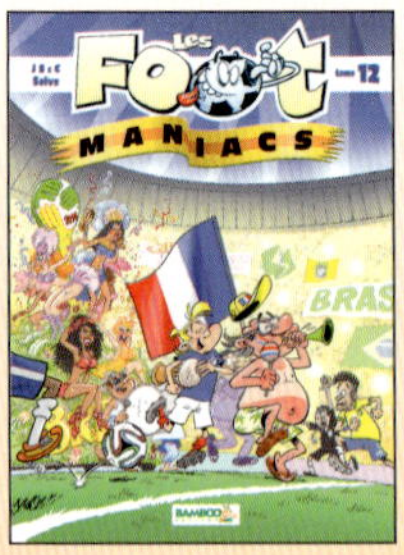

Les Footmaniacs • 12 tomes
Scénario : J S & C
Dessins : Saive

Les Vélomaniacs • 10 tomes
Scénario : Garréra
Dessins : Julié

Tennis Kids • 1 tome
Scénario : Céka
Dessins : Le Sourd

BAMBOO ÉDITION

À découvrir au rayon BD

Les Gendarmes • 14 tomes
Scénario : Sulpice & Cazenove
Dessins : Jenfèvre

Les Pompiers • 13 tomes
Scénario : Cazenove
Dessins : Stédo

Les Animaux marins en BD • 2 tomes
Scénario : Cazenove
Dessins : Jytéry

Les Dinosaures en BD • 3 tomes
Scénario : Plumeri
Dessins : Bloz

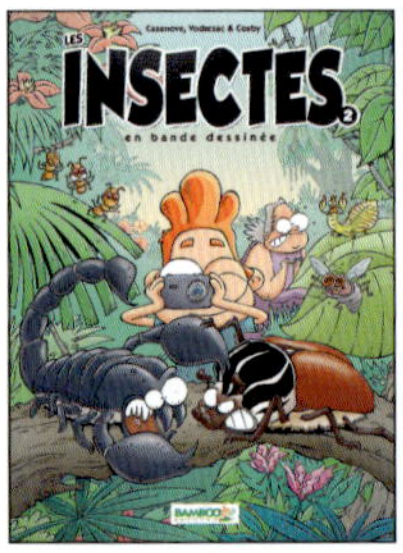

Les Insectes en BD • 2 tomes
Scénario : Cazenove & Vodarzac
Dessins : Cosby

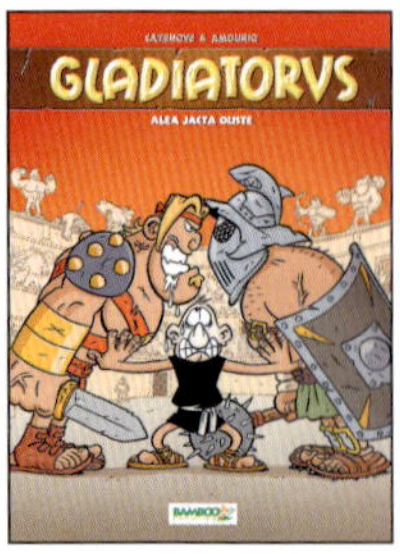

Gladiatorus • 2 tomes
Scénario : Cazenove
Dessins : Amouriq

Les Petits Mythos • 3 tomes
Scénario : Cazenove
Dessins : Larbier

Docteur Cymes • 1 tome
Scénario : Cymes & Mao
Dessins : Duvigan

Les Fondus de moto • 6 tomes
Scénario : Richez & Cazenove
Dessins : Bloz

Voyage en Inde • 1 tome
Scénario : Béka
Dessins : Marko

Mes Cop's • 2 tomes
Scénario : Cazenove
Dessins : Fenech

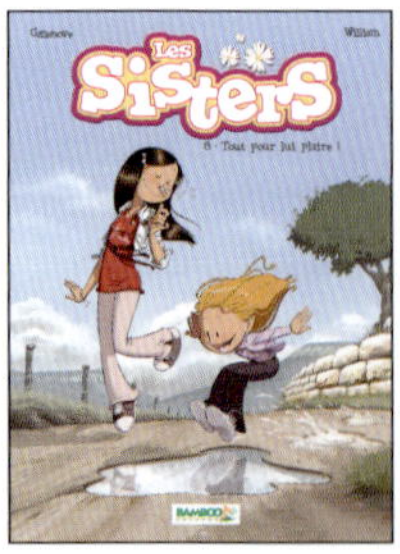

Les Sisters • 8 tomes
Scénario : Cazenove
Dessins : William

Studio Danse • 8 tomes
Scénario : Béka
Dessins : Crip

Cath et son chat • 3 tomes
Scénario : Cazenove & Richez
Dessins : Ramon

Triple Galop • 8 tomes
Scénario : Du Peloux
Dessins : Du Peloux

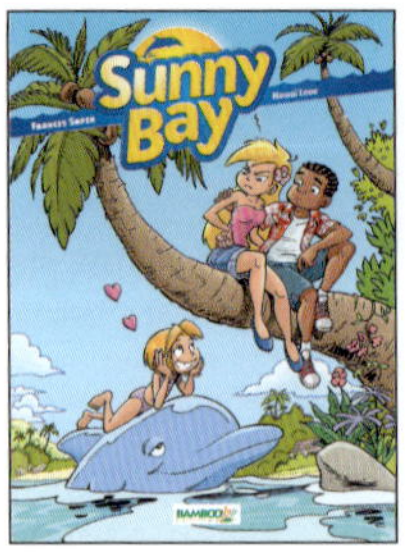

Sunny Bay • 3 tomes
Scénario : Sapin
Dessins : Sapin

Les Godillots • 2 tomes
Scénario : Olier
Dessins : Marko

Boule à zéro • 3 tomes
Scénario : Zidrou
Dessins : Ernst